BEI GRIN MACHT SICH IHR WISSEN BEZAHLT

Individuelle Trainingsplanung im Bereich "Krafttraining"

Diana Schöniger

Bibliografische Information der Deutschen Nationalbibliothek:

Die Deutsche Nationalbibliothek verzeichnet diese Publikation in der Deutschen Nationalbibliografie; detaillierte bibliografische Daten sind im Internet über http://dnb.d-nb.de abrufbar.

ISBN: 9783346301949
Dieses Buch ist auch als E-Book erhältlich.

Druck und Bindung: Books on Demand GmbH, Norderstedt Germany
Gedruckt auf säurefreiem Papier aus verantwortungsvollen Quellen

Das vorliegende Werk wurde sorgfältig erarbeitet. Dennoch übernehmen Autoren und Verlag für die Richtigkeit von Angaben, Hinweisen, Links und Ratschlägen sowie eventuelle Druckfehler keine Haftung.

Das Buch bei GRIN: https://www.grin.com/document/958132

Fachmodul: Trainingslehre 1

Studiengang: Ernährungsberatung

Datum
Präsenzphase: 18.09.2017- 21.09.2017

Name, Vorname: Diana, Schöniger

Studienort: **Leipzig**

Semester: **SS 2016**

Inhaltsverzeichnis

1 Diagnose

1.1 Allgemeine und biometrische Daten

Bevor die Person in das Training einsteigt, sind verschiedene Daten (z.B. körperliche Einschränkungen, Risikofaktoren, sportliche Vorgeschichte und momentaner Leistungszustand) in einem Eingangsgespräch zu ermitteln um eine individuelle und erfolgreiche Trainingsplanung gestalten zu können.

In der folgenden Tabelle sind die allgemeinen und biometrischen Daten der Person aufgeführt.

Alter	45 Jahre
Geschlecht	weiblich
Körpergröße	1,65 m
Körper-gewicht	75 kg
BMI	27,6 kg/m²
Trainingsmotive	- Muskelaufbau - Gewichtsreduktion für mehr Beweglichkeit im Alltag - Rückenschmerzen lindern (Schmerzskala von 1 (gering) bis 10 (stark)$\rightarrow$ Schmerzen liegen bei 7)
Beruf	Verwaltungsangestellte
aktuelle und frühere sportliche Aktivitäten	Die Person trainiert seit 7 Monaten. Sie geht einmal pro Woche für jeweils 60 Minuten ins Fitnessstudio und macht dort Krafttraining an Maschinen. Außerdem geht sie noch einmal wöchentlich joggen für 30 Minuten. Zwischendurch treten bei ihr Trainingsunregelmäßigkeiten auf, dann trainiert sie ein bis zwei Wochen gar nicht. Dadurch, dass sie seit 8 Monaten trainiert wird sie wird sie in Leistungsstufe „Geübter" eingeteilt. Diese Einteilung erfolgt aufgrund der passiven Strukturen (Knorpel, Sehnen, Bänder, Faszien, Gelenkkapseln, Knochen). Sie reagieren wachstumstechnisch nur langsam auf hohe Widerstandsreize. (Gottlob, 2001, S.144)
verfügbare Zeit	Die Person hat dreimal wöchentlich (Montag, Mittwoch und Samstag) jeweils 1,5 Stunden Zeit für das Training.

allgemeiner Gesundheits- zustand	Bis auf das Übergewicht und Rückenschmerzen nach einem langen Arbeitstag sind keine gesundheitlichen Einschränkungen vorhanden. Die Person hat keine orthopädischen und internistischen Probleme, sie ist nicht in ärztlicher Behandlung und nimmt keine Medikamente ein. Sie ist somit voll belast- und trainierbar.
Blutdruck	123/81 mmHg

Tab. 1: Allgemeine und biometrische Daten

Um den Blutdruck der Person zu kategorisieren, ist in der nächsten Tabelle die Klassifikation der Blutdruckwerte laut der Deutschen Hochdruckliga dargestellt.

Blutdruckkategorie	systolisch (mmHg)	diastolisch (mmHg)
optimal	unter 120	unter 80
normal	120-129	80-84
hochnormal	130-139	85-89
Hypertonie Grad 1	140-159	90-99
Hypertonie Grad 2	160-179	100-109
Hypertonie Grad 3	180 oder mehr	110 oder mehr
isolierte systolische Hypertonie	140 oder mehr	unter 90

Tab. 2: Klassifikation der Blutdruckwerte (Deutsche Hochdruckliga, 2017, S.9)

Der Blutdruck liegt bei 123/81 mmHg und ist somit als normal zu betrachten.

Mit dem Körpergewicht und der Körpergröße kann der Body Mass Index (BMI) der Person errechnet werden. Dieser liegt mit 27,6 kg/m² in der Kategorie „Übergewicht", genauer in der Kategorie „Präadipositas". Diese Gewichtsklassifikation bei Erwachsenen anhand des BMI lassen sich aus der nachfolgenden Tabelle ablesen.

Kategorie	BMI (kg/m²)
Untergewicht	< 18,5
Normalgewicht	18,5 – 24,9
Übergewicht	≥ 25,0
- Präadipositas	25 – 29,9
- Adipositas Grad 1	30 – 34,9
- Adipositas Grad 2	35 – 39,9
- Adipositas Grad 3	≥ 40

Tab. 3: Gewichtsklassifikation bei Erwachsenen anhand des BMI (WHO, 2000, S.9)

1.2 Krafttestung

Nach Ermittlung der allgemeinen und biometrischen Daten wird mit der Person ein individuell geeigneter Krafttest durchgeführt.

Die Krafttestung dient dazu das Trainingsgewicht zu ermitteln. Dies ist erforderlich um die gewünschten Anpassungserscheinungen auf einen Trainingsreiz zu erzielen.

1.2.1 Auswahl des Testverfahrens

Mit der Person wird der Mehrwiederholungskrafttest (X-RM-Test) auf Basis der ILB-Methode (Individuelle-Leistungsbild-Methode) durchgeführt. Hierbei wird die individuelle Leistungsfähigkeit getestet und das Training kann so optimal geplant werden. Getestet wird der Wiederholungsbereich indem später auch trainiert wird.

1.2.2 Testablauf

Zuerst werden die Testübungen und die Reihenfolge, in der die Übungen absolviert werden, ausgewählt. Die Übungen werden so gewählt, dass jede Muskelgruppe des Körpers mit zwei Übungen trainiert wird.

Bei der Reihenfolge gilt es zu beachten, dass große Muskelgruppen vor kleinen Muskelgruppen trainiert werden. Ansonsten besteht die Gefahr, dass die synergistisch arbeitenden Muskeln vorermüdet sind und den Trainingsreiz für den Antagonisten begrenzen. (Ülsmann, 2012, S.20)

Es werden folgende Übungen in aufgeführter Reihenfolge ausgewählt:

Beinpresse (sitzend), Beinbeuger (liegend), Brustpresse, Butterfly (mit Handgriffen), Latzugmaschine, Rudern (weiter Obergriff (OG)), Rumpfflexionmaschine, Rumpfrotationmaschine, Rumpfextensionmaschine, Barrenstützmaschine (sitzend).

Darauf folgt vor dem Trainingsbeginn – aus Leistungs- und Gesundheitsgründen – das Aufwärmen. Hierdurch werden relevante Mechanismen aktiviert, wie die Erhöhung der Körperkerntemperatur, Aktivierung des Herz-Kreislauf- und Nervensystems, hormonelle und muskuläre Umstellung, Vorbereitung der passiven Strukturen und das mentale Einstimmen. (Gottlob, 2001, S.140)

Das Aufwärmen erfolgt zuerst allgemein (zyklische Bewegungen großer Muskelgruppen) und dann speziell (gymnastische Übungen zur Vorbereitung aller großen Körpergelenke und Durchführung von 1-2 Aufwärmsätzen der jeweiligen Maschinenübungen, die nachfolgend trainiert werden). Für das allgemeine Aufwärmen eignen sich gelenkschonende Übungen wie z.B. Radfahren, Ruderergometer und Crosstrainer. Es sollte etwa 10-15 Minuten dauern. (Pauls, 2011, S.109) Die Aufwärmdauer steigt, je niedriger

Außentemperatur ist und mit zunehmender individueller Leistungsfähigkeit. (Gottlob, 2001, S.140) Das spezielle Aufwärmen erfolgt nur mit sehr geringem Gewicht. Aus Gesundheitsgründen sollte auf keinen Fall auf die Aufwärmsätze verzichtet werden. (Pauls, 2011, S.109)

Nach den Aufwärmsätzen wird der Wiederstand der Übungen – in höchstens drei Testsätzen – so lange systematisch erhöht (Gottlob, 2001, S.140), bis das maximal mögliche Gewicht für 15 Wiederholungen (technisch korrekt ausgeführt) gefunden ist. Es sollte keine weitere Wiederholung absolviert werden können.

Im Anschluss an den Hauptteil des Trainings erfolgt das Abwärmen, das alle aktiven Maßnahmen umfasst, um den Übergang von der Belastungssituation in die Ruhephase zu gestalten. Es führt dazu, dass Stoffwechselendprodukte besser abtransportiert werden können und die regenerativen Prozesse in den trainierten Körperregionen beschleunigt werden. Außerdem wird dadurch die Körpertemperatur wieder kontrolliert zurückgeführt und die Herz-/Kreislauftätigkeit beruhigt. Das Abwärmen sollte etwa 5 Minuten dauern. Geeignet hierfür sind zum einen Krafttrainingsübungen für kleine Muskelgruppen (z.B. HWS-Muskulatur) und zum anderen leichte Cardioübungen mit abnehmender Intensität (z.B. Ergometer-Training oder Powerwalking auf dem Laufband). (Gottlob, 2001, S.143)

1.2.3 Testgewichte, Testsätze und Testendergebnisse

Um die Trainingsplanung für einen langfristigen Leistungsaufbau zu konzipieren und das Training für mittel- und kurzfristige Zeiträume gestalten zu können, werden die Testgewichte für die benötigten Testsätze und die jeweiligen Testendergebnisse für alle Testübungen benötigt. Diese sind in der nachfolgenden Tabelle dargestellt.

Testübung	Wdh.zahl	1. Testsatz	2. Testsatz	3. Testsatz	Testendergebnis
Beinpresse (sitzend)	15	55 kg	60 kg	/	60 kg
Beinbeuger (liegend)	15	5 kg	10 kg	15 kg	15 kg
Brustpresse	15	10 kg	15 kg	20 kg	20 kg
Butterfly (mit Handgriffen)	15	20 kg	/	/	20 kg
Latzugmaschine	15	15 kg	/	/	15 kg
Rudermaschine (weiter OG)	15	20 kg	/	/	20 kg
Rumpfflexionmaschine	15	5 kg	10 kg	/	10 kg
Rumpfrotationmaschine	15	5 kg	10 kg	/	10 kg

Rumpfextensionmaschine	15	20 kg	25 kg	30 kg	30 kg
Barrenstützmaschine	15	10 kg	15 kg	/	15 kg

Tab. 4: Ergebnisse der Testübungen

1.2.4 Schlussfolgerungen für die weitere Trainingssteuerung und Trainingsplanung aus den Testergebnissen

Es ist von großer Bedeutung, dass die Person anfängt regelmäßig Krafttraining zu betreiben. Diese Regelmäßigkeit ist besonders für die Anpassung der passiven Strukturen mit langsamerem Stoffwechsel (bradytrophes Gewebe) wichtig, denn diese reagieren wachstumstechnisch langsamer auf erhöhte Widerstandsreize als die Muskulatur. Außerdem ist die Trainingsregelmäßigkeit Grundvoraussetzung für das Erreichen der Ziele (siehe Tab. 5) und den Erfolg beim Training. (Gottlob, 2001, S.144) Für den Rücken ist ein regelmäßiges Training ebenfalls wichtig, denn nur so kann eine dauerhafte Schmerzreduktion bewirkt werden. Es ist auch empfehlenswert, dass die Person mehrmals wöchentlich trainiert. Dadurch werden die gewünschten Ziele schneller erreicht.

Allgemein ist ein gewisses Maß an Muskelkraft – neben den notwendigen Prozessen der motorischen Kontrolle – wichtig für sportliche Bewegungen und Alltagsbewegungen. (Olivier, Marschall & Büsch, 2008, S.93)

2 Zielsetzung/Prognose

Die Planung des Trainings beginnt mit einer realistischen und konkreten Zielsetzung. Das gewünschte Ziel soll in einem vorgegebenen Zeitraum erreicht werden. Die Reizsetzungen durch das Training sind inhaltlich und zeitlich so zu gestalten, dass der Körper mit den gewünschten Anpassungen reagiert. (Ülsmann, 2012, S.18)

In der nachfolgenden Tabelle sind drei relevante Ziele der Person auf Basis der Diagnosedaten dargestellt.

Inhalt	Ausmaß	Zeit
Gewichtsreduktion	500 g	pro Woche
	8 kg	innerhalb von 16 Wochen
Muskelaufbau	3-5 kg	im ersten Jahr
Rückenschmerzen lindern	um 4 Punkte auf der Skala	innerhalb von 8 Wochen

Tab. 5: Relevante Ziele auf Basis der Diagnosedaten

Ein Ziel der Person ist die Gewichtsreduktion bis min. ein BMI von < 24,9 kg/m² erreicht ist. Sie möchte sich wieder wohl fühlen, mehr Selbstbewusstsein bekommen und die Beweglichkeit im Alltag steigern. Momentan ist sie schnell erschöpft von einfachen Dingen wie Treppen steigen oder einkaufen gehen.

Das nächste relevante Ziel ist der Muskelaufbau. Sie trainiert zwar schon seit 7 Monaten im Fitnessstudio, dies aber nur unregelmäßig und ohne richtige Trainingsplanung. Dadurch bleibt der Erfolg aus bzw. sie macht nur langsam Fortschritte. Ein schöner Nebeneffekt des Muskelaufbaus wäre für sie, dass sich ihre Haut strafft und sie im Sommer wieder kurze Kleidung tragen kann ohne Unsicherheit dabei zu verspüren.

Den Muskelaufbau möchte sie auch erreichen, da sie nach einem langen Arbeitstag oft Rückenschmerzen hat. Diese um 4 Punkte auf der Schmerzskala zu reduzieren ist ein weiteres Ziel. Durch die Stärkung der Rückenmuskulatur erhofft sie sich eine dauerhafte Schmerzlinderung oder sogar Schmerzfreiheit.

3 Trainingsplanung Makrozyklus

Der Makrozyklus ist ein relativ langfristiger Trainingsabschnitt, der sich über mehrere Monate erstreckt und aus einer entsprechenden Anzahl von Mesozyklen besteht. Ziel ist die Vervollkommnung der komplexen sportlichen Leistungsfähigkeit bzw. die Herausbildung der sportlichen Form. (Hottenrott & Seidel, 2017, S.98)

In der folgenden Tabelle ist die Trainingsplanung des Makrozyklus dargestellt.

		MESO 1		MESO 2		MESO 3		MESO 4		MESO 5
Dauer in Wochen	Test	6 Wochen	Test	6 Wochen	Test	6 Wochen	Test	6 Wochen	Test	6 Wochen
Spezifisches Trainingsziel	xRM	Kraftausdauertraining (KA)	xRM	Hypertrophietraining (HT)	xRM	KA	xRM	HT	xRM	IK-Training
Trainingseinheiten pro Woche		3mal		3mal		3mal		3mal		3mal
Trainingssystem		Ganzkörper-		GK		GK		GK		GK

	training (GK)				
Organisationsform	Stationstraining (ST)	ST	ST	ST	ST
Übungen pro Muskelgruppe	2	2	2	2	2
Sätze pro Übung	2	2	2	2	2
Satzpause	60 Sek.	120 Sek.	60 Sek.	120 Sek.	180 Sek.
Wdh.zahl	15	8	15	8	4
Intensität	60-80%	60-80%	60-80%	60-80%	60-80%

Tab. 6: Trainingsplanung Makrozyklus

3.1 Übergeordnete Trainingsmethode

Als Trainingsmethode wird die ILB-Methode gewählt. Hier wird der Wiederholungsbereich getestet, indem später auch trainiert wird. Für jedes Trainingsziel wird ein eigener Leistungsbildtest gemacht. Dadurch können die Trainingsgewichte optimal angepasst werden und der Trainingserfolg wird durch den Re. Test – der nach jedem Zyklus erfolgt – sichtbar. Durch den Re. Test kann auch herausgefunden werden, ob bestimmte Übungen keinen Trainingsfortschritt bringen. Diese werden dann ausgetauscht. Das Trainingsalter ist bei dieser Methode für die Belastungsparameter verantwortlich. Die Person trainiert jetzt seit 7 Monaten und befindet sich so in der Leistungsstufe „Geübter". Nach dem 12. Trainingsmonat wechselt sie in die Leistungsstufe „Fortgeschrittener". Die Belastungs- und Trainingsparameter passen sich progressiv an die neue Leistungsstufe an.

3.2 Belastungsparameter

Die Person trainiert in jedem Mesozyklus dreimal pro Woche (Montag, Mittwoch und Samstag). Dies entspricht ihrem zeitlichen Verfügungsrahmen. Dazwischen liegen ein bis zwei Tage Trainingspause zur Regeneration. Sie ist Voraussetzung für eine erfolgreiche Belastungsbewältigung und die weitere Leistungssteigerung. Im Regenerationszeitraum werden im Energiestoffwechsel anabole Prozesse begünstigt. Unter anderem kommt es zum Auffüllen der Energievorräte, Aktivierung der Proteinsynthese und der psychischen Entspannung. Es soll ein Zustand des Organismus erreicht werden, der die erneute Trainingsbelastbarkeit sichert. (Hottenrott & Neumann, 2016, S.285)

Eine zu geringe bzw. fehlende Regeneration führt dazu, dass der Körper nicht vollständig mit Nährstoffen versorgt wird oder diese nicht an der richtigen Stelle eingebaut werden. Kommt es über einen längeren Zeitraum zu einer unvollständigen bzw. fehlenden Regeneration, dann erfolgt eine übermäßige Ermüdung des Körpers. Diese Ermüdung führt zu Leistungsabfall, Verletzungen und Krankheiten. (Schurr, 2012, S.14)

Um die optimale Leistungsfähigkeit nach dem Training schnell wieder herzustellen kann die Regeneration gefördert werden. Es gibt dazu verschiedene Möglichkeiten, wie z.B. eine angemessene Ernährung, begleitende psychische und physische Maßnahmen. Auch passive Regenerationsmaßnahmen, wie Sauna, Solarium, Massagen, Dampfbäder usw. sind sinnvoll. Das bedeutendste Mittel für die Regeneration ist allerdings die sinnvolle Trainingsplanung. Sie ist entscheidend für die richtige Balance in der Belastungsgestaltung und orientiert sich an der individuellen Leistung der trainierenden Person. (Schurr, 2012, S.15)

Die optimale Relation zwischen Belastung und Erholung ist zudem wichtig für die sogenannte Superkompensation. Wird im Training ein überschwelliger Reiz gesetzt, werden die Energiereserven des Muskels aufgebraucht bzw. Gewebsstrukturen zerstört. Es kommt dazu, dass die Leistungsfähigkeit über die Dauer der Belastung abnimmt (Ermüdung). In der Regenerationsphase nimmt die Leistungsfähigkeit wieder zu (ausgehend von einer Basis-Leistungsfähigkeit). Es kommt anschließend zur Superkompensation. Dies ist eine Kompensation, die über das Basisniveau hinausgeht. Die Leistungsfähigkeit pendelt sich danach wieder im Bereich des Basisniveaus ein. Wenn während der Superkompensationsphase eine erneute Belastung auftritt und sich dieser Vorgang wiederholt, wird sich die Leistungsfähigkeit stetig verbessern. (Olivier, Marschall & Büsch, 2008, S.80)

Jede Muskelgruppe wird pro Mesozyklus mit zwei Übungen trainiert. Das reicht aus, damit alle Muskelgruppen gestärkt werden. Mehr Übungen würden außerdem einen höheren Zeitaufwand bedeuten, was wiederum dazu führen kann, dass die Person ihre Motivation nicht erhält und schnell die Lust am Training verliert.

Im Fitnessbereich werden pro Training 20-30 Sätze empfohlen. Dies richtet sich nach der Trainingsdauer, den Satzpausen und der Trainingsintensität. (Gottlob, 2001, S.150)

Die Person trainiert – in allen Mesozyklen – pro Trainingseinheit an zehn Maschinen. Es werden pro Übung jeweils zwei Sätze durchgeführt. Dies entspricht den empfohle-

nen Satzzahlen. Da keine individuellen Prioritäten für bestimmte Körperregionen beste-
hen, ist die Satzmenge der einzelnen Übungen gleich. Eine höhere Satzzahl ist nicht
empfehlenswert, da die Person noch nicht sehr lange trainiert und es so zum Übertrai-
ning kommen könnte. (Gottlob, 2001, S.150)

Da keine Leistungsverbesserung auftritt und der Körper mit Funktionserhalt reagiert,
wenn der Körper immer die gleichen Belastungsreize bekommt, muss die Belastung
progressiv gesteigert werden. Eine Möglichkeit dafür ist die Erhöhung der Intensität.
(Friedrich, 2005, S.34) Im jedem einzelnen Mesozyklus steigt diese alle zwei Wochen
um jeweils 10%. Damit werden die positiven Anpassungseffekte erreicht.

3.3 Organisationsform

Es wird ein Ganzkörpertraining als Stationstraining durchgeführt.

Das Stationstraining wird gewählt, da die Person genug Zeit zur Verfügung hat um alle
Übungen und Sätze mit den entsprechenden Satzpausen durchzuführen. Beim Stationstraining werden zunächst, nach einer genauen Anordnung, alle Sätze für einen Muskel
oder eine Muskelgruppe nacheinander und unter Einhaltung der erforderlichen Pausen
absolviert. Erst danach folgt in gleicher Art und Weise ein anderes Bewegungsmuster.
(Laube, 2011, S. 321) Das Ganzkörpertraining ist besonders für Anfänger geeignet, da
hierbei alle Muskeln des Körpers innerhalb einer Trainingseinheit ausgewogen belastet
werden. (Pauls, 2014, S.150)

3.4 Periodisierung

Die Mesozyklen werden jeweils mit einer Dauer von 6 Wochen angesetzt. Dies ist damit begründet, dass der Muskel vom gesetzten Trainingsreiz bis zur Adaption diese Zeit
benötigt. Die verschiedenen spezifischen Trainingsziele des Makrozyklus sind Kraftausdauertraining, Hypertrophietraining und Maximalkrafttraining. Sie werden im
Wechsel angewandt. Dadurch werden ständig neue Reize im Körper gesetzt.

Im ersten Mesozyklus wird ein Kraftausdauertraining absolviert. Die Kraftleistung soll
hierbei über einen bestimmten Zeitraum und bei bestimmter Wiederholungszahl in mög-
lichst hohem Maße aufrechterhalten werden. Durch das Kraftausdauertraining kommt es
zu einer Vermehrung der beanspruchten Energiespeicher (Kreatin und Glykogen) und
der Zellorganellen. Auch führt es zu einer besseren Erholungsfähigkeit der Arbeitsmus-
kulatur. (Kersten & Siebecke, 2010, S.141)

Im Anschluss wird der erste Mesozyklus durch einen neuen Plan mit dem spezifischen Trainingsziel der Hypertrophie ersetzt. Ein Training mit dem Ziel Hypertrophie vergrößert den Muskelquerschnitt und führt zu einer Substanzzunahme. (Ülsmann, 2012, S.15) Danach folgen wieder jeweils 6 Wochen Kraftausdauer- und Hypertrophietraining. Nach insgesamt 24 Wochen wird im fünften Mesozyklus ein Maximalkrafttraining, genauer IK-Training, durchgeführt. Dieser Zyklus erfolgt erst nach so langer Zeit, da die Person noch nicht sehr lange trainiert und ihr Körper Zeit braucht, um sich an die Belastung anzupassen. Das IK-Training dient der Optimierung der intramuskulären Koordination (Rekrutierung, Frequenzierung, Synchronisation) mit dem Ziel, das verfügbare Kraftpotenzial ohne wesentlichen Hypertrophieeffekt zu steigern. (Harre, 2011, S.324)

4 Trainingsplanung Mesozyklus

Der Mesozyklus ist ein mittelfristiger Trainingsabschnitt, der aus mehreren Mikrozyklen besteht. Er passt sich dem veränderten Leistungszustand der trainierenden Person an. Die Hauptfunktionen des Mesozyklus sind zum einen die Sicherung von Belastung und Erholung und zum anderen die Umsetzung eines akzentuierten Trainings zur Entwicklung von Fähigkeitskomplexen. (Hottenrott & Seidel, 2017, S.99)

Der Mikrozyklus ist ein kurzfristiger Trainingsabschnitt, der meist als Wochenzyklus geplant wird und aus mehreren Trainingseinheiten besteht. (Hottenrott & Seidel, 2017, S.100)

In der folgenden Tabelle ist die Trainingsplanung des Mesozyklus dargestellt.

	Mikro 1	Mikro 2	Mikro 3	Mikro 4	Mikro 5	Mikro 6
Zyklusdauer	1 Woche	1 Woche	1 Woche	1 Woche	1 Woche	1 Woche
spezifisches Trainingsziel	KA	KA	KA	KA	KA	KA
Trainingseinheiten pro Woche	3mal	3mal	3mal	3mal	3mal	3mal
Trainingssystem	GK	GK	GK	GK	GK	GK
Organisationsform	ST	ST	ST	ST	ST	ST
Übungen pro Muskelgruppe	2	2	2	2	2	2

Sätze pro Übung		2	2	2	2	2	2
Satzpausen		60 Sek.	60 Sek.	60 Sek.	60 Sek.	60 Sek.	60 Sek.
Wdh.zahl		15	15	15	15	15	15
Bewegungs- tempo		4 Sek.	4 Sek.	4 Sek.	4 Sek.	4 Sek.	4 Sek.
Intensität xRM		60%	60%	70%	70%	80%	80%
Übung	Ergebnis						
Beinpresse (sitzend)	60 kg	36 kg	36 kg	42 kg	42 kg	48 kg	48 kg
Beinbeuger (liegend)	15 kg	9 kg	9 kg	10,5 kg	10,5 kg	12 kg	12 kg
Brustpresse	20 kg	12 kg	12 kg	14 kg	14 kg	16 kg	16 kg
Butterfly (mit Hand- griffen)	20 kg	12 kg	12 kg	14 kg	14 kg	16 kg	16 kg
Latzug- maschine	15 kg	9 kg	9 kg	10,5 kg	10,5 kg	12 kg	12 kg
Ruderma- schine (wei- ter OG)	20 kg	12 kg	12 kg	14 kg	14 kg	16 kg	16 kg
Rumpf- flexion- maschine	10 kg	6 kg	6 kg	7 kg	7 kg	8 kg	8 kg
Rumpf- rotation- maschine	10 kg	6 kg	6 kg	7 kg	7 kg	8 kg	8 kg
Rumpf- extension- maschine	30 kg	18 kg	18 kg	21 kg	21 kg	24 kg	24 kg
Barrenstütz- maschine	15 kg	9 kg	9 kg	10,5 kg	10,5 kg	12 kg	12 kg

Tab. 7: Trainingsplanung Mesozyklus

Die Person trainiert ausschließlich an Maschinen, da ihr die Übungsausführungen bekannt sind und es folgende Vorteile bietet: eine geführte Bewegung, gezieltes Training spezieller Muskelgruppen, Erzeugen neuer Kinematiken, Entlastung bestimmter Gelenke, die sonst beim freien Hanteltraining beteiligt wären, Arbeiten mit größeren Trainingswiderständen ist für Anfänger schneller möglich und das Erzeugen biomechanischer optimierter Belastungsreize. (Gottlob, 2001, S.64)

Im Folgenden wird erläutert, welche Muskeln bei den einzelnen Übungen primär beteiligt sind und warum diese Übungen ausgewählt werden.

o Beinpresse (sitzend)

Primär beteiligte Muskulatur: M. quadriceps femoris, M. glutaeus maximus, M. biceps femoris, caput longum, M. semitendinosus, M. semimembranosus

Diese Übung wird gewählt, da sie das Aufstehen aus der Hocke simuliert. Diese Bewegung wird im Alltag oft gebraucht und sollte bis ins hohe Alter ohne Probleme auszuführen sein. Auch stabilisieren die beanspruchten Bein- und Gesäßmuskeln die Lendenwirbelsäule. (Meier & Milser, 2015, S.89)

o Beinbeuger (liegend)

Primär beteiligte Muskulatur: M. biceps femoris, M. semitendinosus, M. semimembranosus, M. gastrocnemius

o Brustpresse

Primär beteiligte Muskulatur: M. pectoralis major, M. deltoideus pars acromialis, M. deltoideus pars clavicularis, M. triceps brachii

o Butterfly (mit Handgriffen)

Primär beteiligte Muskulatur: M. pectoralis major, M. deltoideus pars clavicularis

o Latzugmaschine

Primär beteiligte Muskulatur: M. latissimus dorsi, M. teres major, M. trapezius pars ascendens, M. deltoideus pars spinata, M. biceps brachii, M. brachialis, M. brachioradialis

Diese Übung wird gewählt, da sie eine gute Allroundübung für den Oberkörper ist. (Meier & Milser, 2015, S.91)

o Rudermaschine weiter OG

Primär beteiligte Muskulatur: M. latissimus dorsi, M. teres major, M. trapezius pars transversa, Mm. rhomboidei, M. deltoideus pars spinata, M. biceps brachii, M. brachialis, M. brachioradialis

Diese Übung wird gewählt, da die beteiligten Muskeln im Alltag benötigt werden wenn etwas Richtung Oberkörper gezogen wird. Diese Bewegung braucht die Person nicht oft bzw. nur mit sehr geringen Gewichten. Um alltägliche Bewegungen wie Bettenmachen so lange wie möglich machen zu können, müssen diese Muskeln trainiert werden. (Meier & Milser, 2015, S.90)

o Rumpfflexionmaschine (sitzend)

Primär beteiligte Muskulatur: M. rectus abdominis, M. obliquus externus abdominis, M. obliquus internus abdominis, M. transversus abdominis, M. iliopsoas

Diese Übung wird gewählt, da die Person durch die sitzende Tätigkeit eine schwach ausgebildete Rumpfmuskulatur aufweist. Eine Kraftsteigerung der Rumpfmuskulatur soll durch diese Maschine erfolgen. Die Rumpfmuskulatur ist unverzichtbar, da sie den gesamten Körper stabilisiert und Haltungsschwächen verhindert.

o Rumpfrotationmaschine

Primär beteiligte Muskulatur: M. obliquus externus abdominis, M. obliquus internus abdominis, M. transversus abdominis, Mm. erector spinae

Diese Übung wird aus dem gleichen Grund wie bei der Rumpfflexionmaschine gewählt.

o Rumpfextensionmaschine

Primär beteiligte Muskulatur: Mm. erector spinae

Diese Übung wird aus dem gleichen Grund wie bei der Rumpfflexionmaschine und Rumpfrotationmaschine gewählt.

o Barrenstützmaschine (sitzend)

Primär beteiligte Muskulatur: M. triceps brachii, M. pectoralis major, M. deltoideus pars clavicularis

Diese Übung wird gewählt, da der Trizeps beim Abstützen eine große Rolle spielt. Ist dieser Muskel nicht trainiert kann es zu Problemen bei der Fortbewegung kommen, falls die Person aufgrund einer Verletzung eines Tages auf Krücken angewiesen ist. (Meier & Milser, 2015, S.95)

5 Literaturrecherche

In der nachfolgenden Tabelle werden zwei Studien zum Thema „Effekte des Krafttrainings bei Rückenbeschwerden" vorgestellt.

Studie 1	Studie 2
Titel der Studie	
Effekte maschinengestützten Krafttrai-	Gerätegestütztes Krafttraining bei chroni-

nings in der Behandlung chronischen Rückenschmerzes	schem Rückenschmerz: ein multimodaler Therapieansatz
Wer hat die Studie durchgeführt?	
Stephan A., Goebel S. & Schmidtbleicher D.	Freiwald J., Baumgart C., Hoppe M. W. & Engelhardt M.
In welchem Jahr wurde die Studie publiziert?	
2011	2012
Versuchspersonen	
Überwiegend handelt es sich um Personen mit Rückenschmerz im Chronifizierungsstadium 1 mit moderatem Schmerzniveau. Fast alle Personen berichten über Schmerzen in der Lendenwirbelsäule innerhalb des letzten Monats. Die körperliche Dekonditionierung ist, gemessen an der Lumbalextensionskraft im Vergleich zu rückengesunden Personen, noch nicht weit fortgeschritten.	In die Studie aufgenommen wurden 565 Patienten mit chronischen Rückenschmerzen. Den vollständigen Studienzeitraum durchliefen davon 465 Patienten.
Versuchsaufbau der Studie	
Die Trainingsgruppe absolvierte ein progressives hypertrophieorientiertes Krafttraining an Trainingsmaschinen mit variablem Widerstand. Das Ziel war eine Funktions- und Strukturverbesserung der Muskulatur, insbesondere des Rumpfes. Das Training der Lumbalextension mit stabilisiertem Becken war Bestandteil des Trainingsprogramms. In den ersten drei Trainingseinheiten erfolgte eine Einweisung durch qualifiziertes Personal; im 10. und jedem 20. Training individuelle Trainingskontrollen und ggf. -anpassungen. Das Trainingsprogramm umfasste alle großen Muskelgruppen	Bei den Patienten wurden prospektiv im Rahmen einer multimodalen Therapie über zwölf Monate die Effekte eines gerätegestützten Krafttrainings auf Alltagsaktivitäten, Beweglichkeits- und Drehmomentwerte untersucht. Während der zwölf Monate wurden drei Tests (Eingangs-, Zwischen- und Abschlussanalyse) sowie drei Therapiephasen mit insgesamt 39 Test- und Therapieeinheiten absolviert. Das Krafttraining erfolgte als Einsatztraining mit 10-30% der individuellen Maximalkraft und 25-30 Wiederholungen. Zum Monitoring der Alltagsaktivitäten wurde der Oswestry Low Back Pain Question-

des Körpers. Die Kontrollgruppe erhielt während des Interventionszeitraumes keine Trainingsmaßnahme, hatte anschließend aber die Möglichkeit, über 6 Monate kostenfrei zu trainieren. Als Messverfahren wurden zwei Schmerzskalen aus der Medical Outcomes Study (MOS) sowie der Oswestry Disability Index (ODI) in Bezug auf die letzten 4 Wochen als schriftliche Befragung eingesetzt. Zudem wurde eine Maximalkraftmessung der Lumbalextensoren durchgeführt.

naire Score (ODI) verwendet. Darüber hinaus wurden die Beweglichkeit der Brust- und Lendenwirbelsäule sowie die Drehmomentwerte der Rumpfmuskulatur erhoben.

Ergebnisse und Schlussfolgerungen der Studie	
Am Ende der Intervention waren 20 Personen der Trainingsgruppe schmerzfrei, davon hatten vorher 9 mäßige/starke Schmerzen und 11 leichte/sehr leichte Schmerzen. In der Kontrollgruppe wurden 6 Personen schmerzfrei, von denen zuvor jeweils 3 über te bzw. mäßige Schmerzen berichteten. Als Schlussfolgerung lässt sich sagen, dass sich ein selbstständiges Ganzkörperkrafttraining mit einer Trainingsfrequenz von 6-mal im Monat für Personen mit chronischem Rückenschmerz im Anfangsstadium eignet, um das Schmerzniveau zu senken, das Beeinträchtigungserleben zu reduzieren, körperliche Inaktivität zu überwinden und Kraft aufzubauen.	Ein gerätegestütztes Krafttraining führt zu einer Verbesserung der Aktivität im Alltag bei chronischen Rückenschmerzpatienten. Die Verbesserungen im ODI können jedoch nur zu einem geringen Teil durch die Zunahme von Kraft und Beweglichkeit erklärt werden.

Tab. 8: Studien zum Thema „Effekte des Krafttrainings bei Rückenbeschwerden"

6 Literaturverzeichnis

Deutsche Hochdruckliga (Hrsg.). (2017). *Patientenleitfaden Bluthochdruck*. Zugriff am 14.11.2017. Verfügbar unter https://www.hochdruckliga.de/tl_files/content/dhl/downloads/Patientenleitfaden-2017.pdf

Freiwald, J., Baumgart, C., Hoppe, M. W. & Engelhardt M. (2012). Gerätegestütztes Krafttraining bei chronischem Rückenschmerz: ein multimodaler Therapieansatz. *Arthritis + Rheuma: Zeitschrift für Orthopädie und Rheumatologie, 32* (2), 95-103.

Friedrich, W. (2005). *Optimales Sportwissen. Grundlagen der Sporttheorie und Sportpraxis für die Schule.* Balingen: Spitta Verlag

Gottlob, A. (2001). *Differenziertes Krafttraining mit Schwerpunkt Wirbelsäule.* Jena: Urban & Fischer

Harre, D. (2011). Trainingslehre – Trainingswissenschaft. Leistung. Training. Wettkampf. In G., Schnabel, D., Harre & J. Krug (Hrsg.), *Trainingslehre – Trainingswissenschaft. Leistung. Training. Wettkampf* (2. Aufl.) (S.320-336) Aachen: Meyer & Meyer

Hottenrott, K. & Neumann, G. (2016). Trainingswissenschaft. Ein Lehrbuch in 14 Lektionen. In W. D., Brettschneider & D., Kuhlmann (Hrsg.), *Sportwissenschaft studieren* (3. überarb. Aufl., Band 7) (S. 260-295). Aachen: Meyer & Meyer Verlag

Hottenrott, K. & Seidel I. (2017). Handbuch Trainingswissenschaft – Trainingslehre. In K., Hottenrott, & I., Seidel (Hrsg.), *Beiträge zur Lehre und Forschung im Sport* (Band 200) (S. 77-102). Schorndorf: Hofmann

Kersten, R. & Siebecke R. (2010). *Gerätefitness. Das Lehrbuch zur Trainerausbildung.* Aachen: Meyer & Meyer

Laube, W. (2011). Biomechanik, Bewegungslehre, Leistungsphysiologie, Trainingslehre. In A., Hüter-Becker & M., Dölken (Hrsg.), *physiolehrbuch Basis* (2. überarb. Aufl.) (S. 309-325). Stuttgart: Thieme

Meier, R. & Milser, R. (2015). *Gerätetraining 50+. Richtig trainieren im Fitnessstudio.* Aachen: Meyer & Meyer

Olivier, N., Marschall, F. & Büsch D. (2008). Grundlagen der Trainingswissenschaft und –lehre. In N., Olivier & U., Rockmann (Hrsg.), *Grundlagen der Sportwissenschaft* (S.39-87). Schorndorf: Hofmann

Olivier, N., Marschall, F. & Büsch D. (2008). Grundlagen der Trainingswissenschaft und –lehre. In N., Olivier & U., Rockmann (Hrsg.), *Grundlagen der Sportwissenschaft* (S.89-262). Schorndorf: Hofmann

Pauls, J. (2011). *Krafttraining. Die 100 Prinzipien. Handbuch für Trainer, Betreuer und Athleten.* München: Stiebner

Pauls, J. (2014). *Das große Buch vom Krafttraining* (2. Aufl.). München: Stiebner

Schurr, S. (2012). *Regeneration für Sportler.* Norderstedt: Books on Demand

Stephan, A., Goebel, S. & Schmidtbleicher, D. (2011). Effekte maschinengestützten Krafttrainings in der Behandlung chronischen Rückenschmerzes. *Deutsche Zeitschrift für Sportmedizin, 62* (3), 69-74.

Ülsmann, T. (2012). *Kraft- und Koordinationstraining für Fußballer. Für Spieler & Trainer. Praktische Übungen mit 4 Kleingeräten. Mit gezielten Trainingseinheiten.* Aachen: Meyer & Meyer Verlag

WHO (2000). Obesity: Preventing and Managing the Global Epidemic. In World Health Organization (Hrsg.), *Technical Report Series, 894.*

7 Tabellenverzeichnis

7.1 Tabellenverzeichnis